AF550594

Wurst selber machen

50 super saftige Wurstarten selbst herstellen mit dem richtigen Material und Vorgehen

Inklusive Tipps & Tricks, Salamirezepte und vegane Rezepte

1. Auflage

Wurst selber machen: 50 super saftige Wurstarten selbst herstellen mit dem richtigen Material und Vorgehen

Rezeptübersicht

Die Vorteile der selbstgemachten Wurst

Tradition aus Leidenschaft, doch diese schmeckt man zur heutigen Zeit beim Kauf einer Wurst nicht unbedingt. Viele Großfabriken stellen Wurst als Massenware her und die Würzmischungen gleichen sich. Sie wünschen sich einen speziellen Geschmack? Sie möchten wissen was in Ihrer Wurst enthalten ist? Dann versuchen Sie es mit einem der im Buch enthaltenen Rezepte!

Sie erhalten ein selbständig hergestelltes hochwertiges Produkt ganz nach Ihren eigenen Wünschen.

Wurst ohne Chemie und Natriumnirtit.

Sie bestimmten was in ihrer Wurst steckt.

Auch für die Veganen Genießer unter Ihnen ist gesorgt.

Fleischskandale Ade! Bei Ihnen ist die Wurst immer frisch!

Damit Ihnen die Zubereitung der Rezepte leichter fällt, empfehlen wir Ihnen dieses Buch.

Viel Spaß beim Kochen und guten Appetit.

Dies wird für die eigene Wurst benötigt

Die eigene Wurst herzustellen ist eine schöne Beschäftigung die einen mit Geschmack und Genuss belohnt.

Sie brauchen dafür einen guten Fleischwolf sowie einen Wurstfüller.

Viele Wurstsorten werden im Glas hergestellt oder gekocht. Ein Einkoch Automat würde sich hier empfehlen, ein großer Kochtopf geht natürlich auch.

Naturdärme oder Naturindärme sowie Gläser.

Fleisch in Bioqualität und frische Zutaten zum Würzen und verfeinern.

Eine Möglichkeit zum Räuchern, Räucherofen.

Messer und Schneidebretter.

Kochgefäße.

Wannen und Schüsseln.

Sowie die Rezepte dieses Buches.

Das Herstellungsverfahren

Es gibt verschiedene Arten der Herstellung Ihrer Wurst.

Eine beliebte und viel angewandte Art ist die des Einkochen.

Dafür wird die Wurst in Gläser oder Natur sowie Synthetikdärme gefüllt und in heißem Wasser eingekocht.

Es gibt Automaten zum einkochen sowie auch altbewehrte Vorgehensweisen im Backofen oder in einem Kessel.

Zum Einkochen im Backofen benötigen Sie ein tiefes Blech (Fettpfanne) In diese werden die Gläser gestellt. Die Gläser sollten sich nicht berühren. Zwischen die Gläser wird Wasser gefüllt. Die Zeit des einkochen zählt erst wenn sie in den Gläsern kleine Bläschen bilden.

Das Einkochen mit einem Automaten ist je nach Hersteller unterschiedlich und es ist auf die Anleitung zu achten.

Für das Einkochen im Topf müssen Sie einen sehr großen Topf wählen. In diesem legen Sie auf den Boden ein Geschirrtuch. Dann werden die Gläser so in den Topf gegeben das sich keines davon berührt. Die Einkochzeit beginnt auch hier erst sobald das Wasser kocht.

Die Wurst im Darm wird zum einkochen einfach in die Kesselbrühe gelegt.

Die Kesselbrühe besteht aus dem Sud des vorgekochten Fleisches. Zumeist wird dafür der Schweinekopf verwendet. Diesen können Sie auch beim Metzger Ihres Vertrauens kaufen. Die Kesselbrühe können Sie auf Vorrat einfrieren. Sollte dies nicht gegeben sein können Sie sich einen Sud aus Knochen und Schnittresten herstellen.

Um Wurst in der Kesselbrühe zu kochen, sollte immer Salz in der Brühe enthalten sein.

Räuchern

Nichts gibt soviel Geschmack wie ein Räucherofen.

Doch der Geschmack alleine ist es nicht warum die Wurst gerne geräuchert wird sondern auch die damit verbundene Haltbarkeit.

Es gibt zwei Verfahren. Das Kalt und das Heißräuchern.

Bei dem Kaltverfahren wird anhand von Größe, Umfang und Art der Wurst geräuchert. Die Temperaturen liegen hier bei 15-20°C und der Räucherprozess liegt meist bei einer Räucherzeit von 10-12 Stunden.

Beim Heißverfahren wird auch nach Größe und Umfang der Wurst entschieden. Die Temperatur beträgt meist zwischen 70-75°C und die Räucherzeit liegt hier bei ca 30-60 Minuten.

Welches der Verfahren Sie für sich wählen liegt ganz bei Ihnen. Es gibt neben Räucherschränken auch Räuchervorrichtungen für den Grill.

Bitte beachten Sie immer die Angaben des Herstellers zur Benutzung des Räuchergerätes.

Geräuchert werden können Kochwürste, Brühwärmste und Rohwürste.

Bekannte Kochwürste sind Blutwurst, Leberwurst, Schwarzwurst oder auch Leberpastete.

Kochwürste umfassen Bockwurst, Bratwurst, Knackwurst, Bierschinken, Lyoner oder auch Wienerwürstchen.

Rohwürste kennen Sie zumeist als Mettwurst, Teewurst und Salami.

Starterkultur

Als Startkulturen werden heran gezüchtete Bakterien, Schimmel, Hefe oder Pilz Kulturen bezeichnet.

Die Starterkultur für Ihre Wurst bekommen Sie bei Metzgereien sowie gut aufgestellten Reformhäusern und Online Shops.

Die beiden häufigsten angewendeten Starterkulturen sind

Baktoferment61 dies ist eine reine Starterkultur ohne Zusätze für Rohwurst.

Sowie Propidin, diese Starterkultur enthält jedoch Zusätze wie Dextrose, Laktose, Siedesalz, Maltodextrin, Saccharose, E 330 Zitronensäure, E 300 Ascorbinsäure, E 301 Natriumglutamat.

Sie sehen die Unterschiede. Achten Sie bei dem Kauf Ihres Starterkultur Sets auf Qualität.

Der größte Vorteil von Starterkulturen bezieht sich vor allem auf dickere Wurstsorten. Die Starterkultur ist in der läge nicht optimale Feuchtigkeit sowie Temperaturverhältnisse ausgleichen zu können.

Der Wurstdarm

Heute wird meist ein Kunst oder Naturdarm verwendet.

Wir haben geschaut und zeigen Ihnen hier, was die Unterschiede sind.

Der Naturdarm

Der Naturdarm ist eine Wursthülle, meist aus dem Darm von Rind, Schwein oder Schaf hergestellt oder besser gesagt aufbereitet. Der Naturdarm muß nicht zweifelsfrei vom Darm erstellt werden, ebenso eignen sich Magen, Blase oder die Haut von Tieren. Dafür wird die Hülle von den Muskelschichten und Schleimhäuten getrennt. Der Darm sowie die Hüllen / Häute werden gut gereinigt und zu einem Darmschlauch hergestellt. Als sehr hochwertig wird der Saitling angesehen, der Dünndarm des Schafes. Der Vorteil von Naturdärmen, fast alle sind essbar.

Der Kunstdarm

Der Kunstdarm wird künstlich hergestellt, wie es der Name schon andeutet. Obwohl der Kunstdarm hergestellt wird, bedeutet dies nicht das Er frei von tierischen Bestandteilen ist. Ein Kunstdarm ist oftmals nicht essbar. Einzig die Kunstdärme auf Kolleganbasis sind essbar. Kollagen ist ein Nebenprodukt der Leberproduktion und kommt somit den Naturdärmen sehr ähnlich. Geruchsneutral, transparent und flexibel.

Der Darm sollte immer für 30 Minuten vor der Verwendung in kaltes Wasser gelegt werden.

Wurst Rezepte

Ingwer Wurst zum Braten

Zubereitungszeit: 60-90 Minuten

Schwierigkeitsgrad: Leicht

Zutatenliste für 10-14 Stück **Wurst :**

700g Hackfleisch Schwein, 300g Hackfleisch Rind, 15g Salz, 1,8m Schweinedarm, 20g Ingwer frisch gerieben, 2 Knoblauchzehen gepresst, 1/2 Bund Schnittlauch gehackt, 1 TL Pfeffer gemahlen, 1 TL Curry

Zubereitung:

1. Das Fleisch verkneten.
2. Die Gewürze unterkneten.
3. Die Masse solange kneten bis eine homogene Masse entstanden ist.
4. Den gewässerten Darm auf die Tülle ziehen und die Wurst einfüllen. Alle 8cm abbinden.
5. Die Würste für eine Stunde trocknen lassen und dann auf dem Grill oder in der Pfanne zubereiten.

Bierwurst zum Braten

Zubereitungszeit: 60-90 Minuten

Schwierigkeitsgrad: Leicht

Zutatenliste für 10-14 Stück **Wurst :**

700g Hackfleisch Schwein, 300g Hackfleisch Rind, 1 dl dunkles Bier, 15g Salz, 2 TL Thymian, 1/2 TL Pfeffer weiss, 1 Prise Zimt, 1 Prise Muskat, 1 Prise Nelken, 1,8m Schweinedarm

Zubereitung:

1. Das Fleisch verkneten.
2. Die Gewürze unterkneten.
3. Das Bier dazu geben und solange kneten bis eine homogene Masse entstanden ist.
4. Den gewässerten Darm auf die Tülle ziehen und die Wurst einfüllen. Alle 8cm abbinden.
5. Die Würste für eine Stunde trocknen lassen und dann auf dem Grill oder in der Pfanne zubereiten.

Geflügel Bratwurst

Zubereitungszeit: 60-90 Minuten

Schwierigkeitsgrad: Leicht

Zutatenliste für 2kg **Bratwurst :**

1,6kg Hähnchenbrust, 250g Bauchspeck, 150g Rückenspeck, 3 Chili, 1 Bund Frühlingszwiebel, 1 Bund Schnittlauch, 4 Knoblauchzehen, 1 Bund Koriander, 1 EL Paprika edelsüß, 1 TL Pimentkörner gemahlen, 1 TL Pfeffer gemahlen, 2 TL Meersalz grob, 2 TL Kreuzkümmel gemahlen, 1 EL Curry, Schweinedarm 28/30, Rapsöl

Zubereitung:

1. Das Hähnchenfleisch sowie den Bauchspeck und den Rückenspeck durch die 4mm Scheibe im Fleischwolf geben.
2. Die Kräuter waschen und abtropfen lassen. Die Chili vom Strunk trennen, Knoblauch schälen und alles klein hacken.
3. Die Gewürze vermischen und mit den Kräutern ins Brät geben.
4. Einen großen Topf mit Salzwasser auf 80°C erhitzen.
5. Den gewässerten Darm auf die Tülle schieben und mit dem Brät füllen, alle 10cm abbinden.
6. Die Würste für 15 Minuten in dem Wasser ziehen lassen, danach mit kaltem Wasser abschrecken und trocknen lassen.
7. Die Würste wie gewohnt grillen oder braten.

Bärlauch Bratwurst

Zubereitungszeit: 30-45 Minuten

Schwierigkeitsgrad: Leicht

Zutatenliste für 12 **Bratwurst :**

250g Speck roh, 1 Bund Bärlauch, 1 TL Salz, 1 TL Ingwer gemahlen, 1 Prise Muskatnuss, 1 Ei, 1 Zwiebel, 3 Knoblauchzehe, 1 TL Pfeffer gemahlen, 750g Schweineschulter, 50ml Milch kalt, 3 Meter Bratwurstdarm

Zubereitung:

1. Das Fleisch mit dem Speck zerkleinern und durch die grobe Scheibe im Fleischwolf wolfen.

2. Die Milch mit dem Ei vermischen und dazu geben.

3. Die Zwiebel mit dem Knoblauch schälen. Den Bärlauch waschen und abtropfen lassen. Den Bärlauch mit den Zwiebel und dem Knoblauch klein hacken.

4. Die Gewürze sowie Zwiebel und Knoblauch, Bärlauch vermengen.

5. Den Darm wässern damit er nicht reisst.

6. Den Darm auf die Wursttülle des Fleischwolfes spannen und die Würste befüllen. Alle 20cm abbinden.

Thüringer Bratwurst

Zubereitungszeit: 30-45 Minuten

Schwierigkeitsgrad: Leicht

Zutatenliste für 12 **Bratwurst :**

250g Speck roh, 4 Stängel Majoran, 1 TL Salz, 1 Ei, 1 Zwiebel, 1 Knoblauchzehe, 1 TL Pfeffer gemahlen, 750g Schweineschulter, 50ml Milch kalt, 3 Meter Bratwurstdarm

Zubereitung:

1. Das Fleisch mit dem Speck zerkleinern und durch die grobe Scheibe im Fleischwolf wolfen.

2. Die Milch mit dem Ei vermischen und dazu geben.

3. Die Zwiebel mit dem Knoblauch schälen. Die Blätter vom Majoran abzupfen und mit den Zwiebel und dem Knoblauch klein hacken.

4. Die Gewürze sowie Zwiebel und Knoblauch, Majoran vermengen.

5. Den Darm wässern damit er nicht reisst.

6. Den Darm auf die Wursttülle des Fleischwolfes spannen und die Würste befüllen. Alle 20cm abbinden.

Kartoffel Bratwurst

Zubereitungszeit: 30-45 Minuten

Schwierigkeitsgrad: Leicht

Zutatenliste für 12 **Bratwurst :**

500g Rindfleisch, 400g Lammfleisch, 2 Zwiebel, 4 Knoblauchzehen, 1 TL Koriander gemahlen, 1 TL Pfeffer gemahlen, 1 TL Salz, 2 EL Muskat gemahlen, 1 TL Rinderbrühe Pulver, 2 Kartoffeln gekocht, 2,5 Meter Bratwurstdarm

Zubereitung:

1. Das Fleisch zerkleinern. Die Kartoffeln klein hacken.
2. Die Zwiebel und die Knoblauchzehen schälen und fein würfeln. Mit dem Fleisch mischen, ebenso die Kartoffeln unterheben und alles für 4 Stunden im Kühlschrank ziehen lassen.
3. Das Fleisch durch den Fleischwolf geben und sehr fein wolfen.
4. Den Darm wässern und auf eine Tülle ziehen und die Wurstmasse einfüllen. Alle 15cm eine Wurst abbinden.

Spinat Tomate Bratwurst

Zubereitungszeit: 30-45 Minuten

Schwierigkeitsgrad: Leicht

Zutatenliste für 12 **Bratwurst :**

500g Rindfleisch, 400g Lammfleisch, 2 Zwiebel, 4 Knoblauchzehen, 1 TL Koriander gemahlen, 1 TL Pfeffer gemahlen, 1 TL Salz, 2 EL Muskat gemahlen, 200g Spinat frisch gehackt, 1 getrocknete Tomate gehackt, 2,5 Meter Bratwurstdarm

Zubereitung:

1. Das Fleisch zerkleinern.

2. Die Zwiebel und die Knoblauchzehen schälen und fein würfeln. Mit dem Fleisch mischen ebenso den Spinat und die Tomate unterheben und alles für 4 Stunden im Kühlschrank ziehen lassen.

3. Das Fleisch durch den Fleischwolf geben und sehr fein wolfen.

4. Den Darm wässern und auf eine Tülle ziehen und die Wurstmasse einfüllen. Alle 15cm eine Wurst abbinden.

Merguez Bratwurst

Zubereitungszeit: 30-45 Minuten

Schwierigkeitsgrad: Leicht

Zutatenliste für 12 **Bratwurst :**

500g Rindfleisch, 400g Lammfleisch, 2 Zwiebel, 4 Knoblauchzehen, 1 TL Zimt gemahlen, 1 TL Koriander gemahlen, 1 TL Pfeffer gemahlen, 1 TL Salz, 2 EL Harissa, 2 EL Essig, 1 EL Paprika edelsüß, 2,5 Meter Bratwurstdarm

Zubereitung:

1. Das Fleisch zerkleinern.

2. Die Zwiebel und die Knoblauchzehen schälen und fein würfeln. Mit dem Fleisch mischen und alles für 4 Stunden im Kühlschrank ziehen lassen.

3. Das Fleisch durch den Fleischwolf geben und sehr fein wolfen.

4. Den Darm wässern und auf eine Tülle ziehen und die Wurstmasse einfüllen. Alle 15cm eine Wurst abbinden.

Kräuter Bratwurst

Zubereitungszeit: 30-45 Minuten

Schwierigkeitsgrad: Leicht

Zutatenliste für 12 **Bratwurst :**

200g Sahne, 1/2 TL Salz, 2 TL Madras, 500g Kalbfleisch, 1 Bund Petersilie, 1 Bund Schnittlauch, 1 Bund Kresse, 1,5 Meter Bratwurstdarm

Zubereitung:

1. Das Fleisch zerkleinern.
2. Die Kräuter waschen abtropfen lassen und sehr fein hacken.
3. Die Sahne mit den Gewürzen aufschlagen.
4. Das Fleisch durch den Fleischwolf geben und sehr fein wolfen. Das Fleisch mit der Sahnemischung und den Kräutern vermischen.
5. Den Darm wässern auf eine Tülle ziehen und die Wurstmasse einfüllen. Alle 10cm eine Wurst abbinden.
6. Die Bratwurst in sehr warmes nicht kochendes Wasser geben und 5 Minuten ziehen lassen. Danach die Wurst gut trocknen lassen und wie gewohnt braten.

Kalbs Bratwurst

Zubereitungszeit: 30-45 Minuten

Schwierigkeitsgrad: Leicht

Zutatenliste für 12 **Bratwurst :**

200g Sahne, 1/2 TL Salz, 2 TL Madras, 500g Kalbfleisch, 1,5 Meter Bratwurstdarm

Zubereitung:

1. Das Fleisch zerkleinern.
2. Die Sahne mit den Gewürzen aufschlagen.
3. Das Fleisch durch den Fleischwolf geben und sehr fein wolfen. Das Fleisch mit der Sahnemischung vermischen.
4. Den Darm wässern auf eine Tülle ziehen und die Wurstmasse einfüllen. Alle 10cm eine Wurst abbinden.
5. Die Bratwurst in sehr warmes nicht kochendes Wasser geben und 5 Minuten ziehen lassen. Danach die Wurst gut trocknen lassen und wie gewohnt braten.

Salami Rezepte

Knoblauch Salami

Zubereitungszeit: 60-90 Minuten

Schwierigkeitsgrad: Leicht

Zutatenliste für 1kg **Wurst :**

400g Schweinespeck, 600g Rindfleisch mager, 24g Salz, 4g Pfeffer schwarz gemahlen, 5g Pfeffer schwarz geschrotet, 1 Bund Bärlauch, 8 Knoblauchzehen, 5 Ingwer gerieben, 2 TL Fischsauce, Darm

Zubereitung:

1. Die Fleischstücke gründlichen reinigen. Sehnen und Knorpel müssen komplett entfernt sein.

2. Das Fleisch und das Fett werden angefroren und in den Fleischwolf gegeben, auf Stufe 3 wolfen.

3. Den Bärlauch waschen und abtropfen. Den Knoblauch schälen und beides klein hacken.

4. Das Fleisch nun gründlich mit dem Knoblauch, Ingwer und dem Bärlauch durchkneten bis ein Wurstbrät entsteht. Dieses nun würzen und mit Hilfe eines Wurstbefüller in die Därme füllen.

5. Nach Belieben kann die Salami geräuchert werden.

Pfeffer Salami

Zubereitungszeit: 60-90 Minuten

Schwierigkeitsgrad: Leicht

Zutatenliste für 1kg **Wurst :**

350g mageres Ziegenfleisch, 350g mageres Rindfleisch, 300g Speck mit Fleisch vom Schwein, 24g Salz, 5g geschroteter Pfeffer, 3g weißer Pfeffer gemahlen, 1TL Paprika Pulver, Därme

Zubereitung:

1. Die Fleischstücke gründlichen reinigen. Sehnen und Knorpel müssen komplett entfernt sein.

2. Das Fleisch und das Fett werden angefroren und in den Fleischwolf gegeben, auf Stufe 3 wolfen.

3. Das Fleisch nun gründlich mit durchkneten bis ein Wurstbrät entsteht. Dieses nun würzen und mit Hilfe eines Wurstbefüller in die Därme füllen.

4. Nach Belieben kann die Salami geräuchert werden.

Rustika Salami

Zubereitungszeit: 60-90 Minuten

Schwierigkeitsgrad: Leicht

Zutatenliste für 1kg **Wurst :**

400g Schweinespeck, 600g Rindfleisch mager, 24g Salz, 4g Pfeffer schwarz gemahlen, 5g Pfeffer schwarz geschrotet, 20ml Rum, 5 Knoblauchknollen gepresst, Darm

Zubereitung:

1. Die Fleischstücke gründlichen reinigen. Sehnen und Knorpel müssen komplett entfernt sein.

2. Das Fleisch und das Fett werden angefroren und in den Fleischwolf gegeben, auf Stufe 3 wolfen.

3. Das Fleisch nun gründlich mit dem Knoblauch und dem Rum durchkneten bis ein Wurstbrät entsteht. Dieses nun würzen und mit Hilfe eines Wurstbefüller in die Därme füllen.

4. Nach Belieben kann die Salami geräuchert werden.

Ziegen Salami

Zubereitungszeit: 60-90 Minuten

Schwierigkeitsgrad: Leicht

Zutatenliste für 1kg **Wurst** :

350g mageres Ziegenfleisch, 350g mageres Rindfleisch, 300g Speck mit Fleisch vom Schwein, 24g Salz, 3g gemahlener Pfeffer, 3g Zucker, Därme

Zubereitung:

1. Die Fleischstücke gründlichen reinigen. Sehnen und Knorpel müssen komplett entfernt sein.

2. Das Fleisch und das Fett werden angefroren und in den Fleischwolf gegeben, auf Stufe 3 wolfen.

3. Das Fleisch nun gründlich mit durchkneten bis ein Wurstbrät entsteht. Dieses nun würzen und mit Hilfe eines Wurstbefüller in die Därme füllen.

4. Nach Belieben kann die Salami geräuchert werden.

Gebrühte oder gekochte Wurst Rezepte

Kassler Schinken

Zubereitungszeit: 60-90 Minuten

Schwierigkeitsgrad: Leicht

Zutatenliste für 1kg **Schinken :**

1,g Kg Schweinefleisch Rücken, 1 Liter Wasser, 100g Pökelsalz

Zubereitung:

1. Das Salz im Wasser auflösen.
2. Eine Pökelspritze mit der Lösung füllen und ca. Alle 4cm die Lake in das Fleisch spritzen.
3. Das Fleisch in einen Gefrierbeutel geben und die Lake einfüllen. Den Beutel so gut wie es geht Luftdicht verschliessen.
4. So wird das Fleisch 4 Tage im Kühlschrank gepökelt.
5. Das Fleisch gut abtrocknen und 20 Stunden kalt rauchen, danach den Schinken für 2 Stunden bei 85°C garen.

Hawaii Fleischkäse

Zubereitungszeit: 60-90 Minuten

Schwierigkeitsgrad: Leicht

Zutatenliste für 750g **Fleischkäse :**

600g Hackfleisch vom Schwein, 600g Hackfleisch vom Rind, 150ml Mineralwasser, 20g Pökelsalz, 1g Gemüsebrühepulver, 1g Glutamat, 5g Kutterhilfsmittel, 3g Pfeffer, 30g Kartoffelstärke, 1 Dose Ananas, 100g Speckwürfel, 1 Dose Pilze, 200g Cheddar Käse

Zubereitung:

1. Die Ananas in kleine Stücke schneiden. Die Pilze abgiessen.
2. Das Fleisch mit den kompletten Zutaten zusammen in eine große Schüssel geben und für 5 Minuten mit der Küchenmaschine oder per Hand gut durchkneten.
3. Die Kastenform gut einölen. Das Brät in die Kastenform geben. Die Hände befeuchten und damit die obere Schicht vom Brät in der Kastenform glatt streichen. Ein tiefes Blech mit Wasser befüllen und auf die untere Schiene des Backofens geben.
4. Den Backofen auf 100°C vorheizen bei Ober und Unterhitze. Den Fleischkäse in die Mitte reinschieben und für 90 Minuten backen.

Pizza Fleischkäse

Zubereitungszeit: 60-90 Minuten

Schwierigkeitsgrad: Leicht

Zutatenliste für 750g **Fleischkäse :**

600g Hackfleisch vom Schwein, 600g Hackfleisch vom Rind, 150ml Mineralwasser, 20g Pökelsalz, 1g Gemüsebrühepulver, 1g Glutamat, 5g Kutterhilfsmittel, 3g Pfeffer, 30g Kartoffelstärke, 2 Zwiebel, 1 Paprika Rot, 1 Paprika Gelb, 50g Speckwürfel

Zubereitung:

1. Die Paprika waschen und den Strunk sowie die Kerne entfernen. Die Paprika in kleine Stücke schneiden.

2. Die Zwiebel und den Knoblauch schälen und klein hacken.

3. Das Fleisch mit den kompletten Zutaten zusammen in eine große Schüssel geben und für 5 Minuten mit der Küchenmaschine oder per Hand gut durchkneten.

4. Die Kastenform gut einölen. Das Brät in die Kastenform geben. Die Hände befeuchten und damit die obere Schicht vom Brät in der Kastenform glatt streichen. Ein tiefes Blech mit Wasser befüllen und auf die untere Schiene des Backofens geben.

5. Den Backofen auf 100°C vorheizen bei Ober und Unterhitze. Den Fleischkäse in die Mitte reinschieben und für 90 Minuten backen.

Fleischkäse

Zubereitungszeit: 60-90 Minuten

Schwierigkeitsgrad: Leicht

Zutatenliste für 750g **Fleischkäse :**

600g Hackfleisch vom Schwein, 600g Hackfleisch vom Rind, 150ml Mineralwasser, 20g Pökelsalz, 2g Zwiebelpulver, 1g Gemüsebrühepulver, 1g Glutamat, 5g Kutterhilfsmittel, 1g Ingwer, 2g Muskat, 3g Pfeffer, 30g Kartoffelstärke

Zubereitung:

1. Das Fleisch mit den kompletten Zutaten zusammen in eine große Schüssel geben und für 5 Minuten mit der Küchenmaschine oder per Hand gut durchkneten.

2. Die Kastenform gut einölen. Das Brät in die Kastenform geben. Die Hände befeuchten und damit die obere Schicht vom Brät in der Kastenform glatt streichen. Ein tiefes Blech mit Wasser befüllen und auf die untere Schiene des Backofens geben.

3. Den Backofen auf 100°C vorheizen bei Ober und Unterhitze. Den Fleischkäse in die Mitte reinschieben und für 90 Minuten backen.

Corned Beef

Zubereitungszeit: 60-90 Minuten / 5 Tage Ruhezeit

Schwierigkeitsgrad: Leicht

Zutatenliste für 2kg **Wurst :**

2kg Rindfleisch, 2 Liter Wasser, 50g Pökelsalz, 8g Zucker, 4g Muskat, 8g Pfeffer, 16 Gewürznelken, 120g Aspik Pulver, 2 Zwiebel, 2 Scheiben Knollensellerie, 2 Karotten, 1 Stange Lauch, 10g Liebstöckel gemahlen

Zubereitung:

1. Das Fleisch klein schneiden und mit Zucker sowie Pökelsalz vermischen. Damit das Fleisch für 5 Tage in den Kühlschrank geben und täglich umrühren.

2. Die Karotten waschen und in Stücke schneiden, den Lauch in feine Ringe schneiden, die Zwiebel schälen und klein hacken.

3. Das Gemüse mit den Nelken und dem Fleisch in seiner Lake in einen Topf füllen. Die 2 Liter Wasser auffüllen und für 1 Stunde kochen.

4. Die Hälfte vom Fleisch heraus nehmen und mit 5mm Scheibe wolfen. Die andere Hälfte heraus nehmen und durch die 12mm Scheibe wolfen.

5. Die Apsiklösung mit 1 Liter der Brühe herstellen und mit den Gewürzen versehen. Die Lösung über das Fleisch geben und gut vermischen.

6. Die Masse in Gläser füllen und für 90 Minuten einkochen bei 100°c.

7. Die Gläser langsam abkühlen lassen.

Wildschwein Wurst

Zubereitungszeit: 60-90 Minuten

Schwierigkeitsgrad: Leicht

Zutatenliste für 2kg **Wurst :**

1,8kg Wildschwein, 1,2kg Schweinebauch, 80g Pökelsalz, 16g Pfeffer gemahlen, 8g Majoran gemahlen, 6g Muskat gemahlen, 1 Knoblauchzehe gepresst, 2g Rosmarin gemahlen, Einmachgläser

Zubereitung:

1. Das Fleisch auftauen. Das Fleisch durch den Wolf geben und klein wolfen.

2. Das Fleisch mit den Gewürzen versehen und gut durchkneten.

3. Das Fleisch in die Gläser füllen und bei 100°C für 90 Minuten einkochen.

Schnitzel Aufstrich

Zubereitungszeit: 30-45 Minuten

Schwierigkeitsgrad: Leicht

Zutatenliste für 3 **Gläser :**

3 Gläser 200ml, 500g Putenschnitzel, 1 Zwiebel gewürfelt, 250g Suppengemüse in Stücken, 80ml Brühe, 2 EL Öl, 3 TL Majoran, 1 Bund Petersilie, 1 Bund Schnittlauch, 1TL Salz, 1TL Pfeffer, 1 Prise Muskat, 50ml Sahne, 2 Knoblauchzehen gepresst

Zubereitung:

1. Die Schnitzel scharf anbraten, die Zwiebel und das Gemüse sowie den Knoblauch dazu geben. Das Fleisch mit der Brühe und der Sahne ablöschen. Die Flüssigkeit verkochen lassen.

2. Die Kräuter waschen und abtropfen lassen. Die Kräuter fein hacken. Die Kräuter mit in die Pfanne geben und unterheben.

3. Den Inhalt der Pfanne mit einem Stabmixer pürieren und die Gewürze dazu geben.

4. Alles in die Gläser füllen und für 90 Minuten einkochen.

Knoblauchwurst im Glas

Zubereitungszeit: 30-45 Minuten

Schwierigkeitsgrad: Leicht

Zutatenliste für 8 **Gläser :**

8 Gläser, 500g Schweinefleisch mager, 250g Speck, 1/2TL Zucker, 3 Knoblauchzehen gepresst, 1/2TL Kümmel gemahlen, 2 EL Weißwein, 1 El Salz, 1EL Pfeffer gemahlen

Zubereitung:

1. Das Fleisch und den Speck durch eine feine Scheibe durch den Fleischwolf wolfen.
2. Das feine Fleisch mit den anderen Zutaten vermischen und zu 3/4 in die Schraubgläser füllen.
3. Die Gläser verschliessen und bei 180°C im Backofen für 60 Minuten einkochen.

Mettwurst gekocht

Zubereitungszeit: 60-90 Minuten

Schwierigkeitsgrad: Leicht

Zutatenliste für 10kg **Wurst :**

8kg Schweinefleisch mager, 2kg Rückenspeck, 1kg kaltes Wasser, 200g Pökelsalz, 35g Pfeffer gemahlen, 15g Muskat gemahlen, 15g Zucker, 5g Piment gemahlen, 2 Knoblauchzehen gepresst, 10g Speisewürze, Gläser

Zubereitung:

1. Das Fleisch und den Speck anfrieren. Das Fleisch und den Speck durch den Wolf 3mm geben und klein wolfen.
2. Das Brät mit den Gewürzen vermischen und das Wasser solange dazu geben bis eine zähe masse entsteht.
3. Die Masse in die Gläser füllen und gut verschliessen.
4. Die Gläser für 90°C Minuten einkochen.

Chili Wiener Wurst

Zubereitungszeit: 60-90 Minuten

Schwierigkeitsgrad: Leicht

Zutatenliste für 1kg **Wurst :**

400g Schweinebauch, 300g Schweinenacken, 200g Rindfleisch mager, 100g Eiswasser, 2 Chili gehackt,18g Pökelsalz, 2g weißer Pfeffer gemahlen, 1g Muskat gemahlen, 1g Ingwer gemahlen, 3g Knoblauchgranulat, 1g Traubenzucker, 0,2g Ascorbinsäure, 7g Senfmehl, Darm Schafsaitling 22/24

Zubereitung:

1. Das Fleisch auftauen. Das Fleisch durch den Wolf geben und klein wolfen. Danach das Fleisch im Mixer oder Kutter zu einem sehr feinen Brät mixen, die Gewürze, Chili sowie das Eiswasser dazu geben. Das Brät darf nicht über 12°C erhitzen.

2. Das Salzwasser aufsetzen und auf 70°C erhitzen.

3. Den gewässerten Darm auf die Tülle schieben und das Brät einfüllen. Alle 20cm abdrehen. Die Würste für 60 Minuten trocknen lassen.

4. Die Würste nach dem Trocknen bei 70°C für 45 Minuten räuchern. Nach dem Räuchern die Würste in das 70°C Wasser geben und 15 Minuten brühen.

5. Die Würste kalt abschrecken.

Wiener Wurst

Zubereitungszeit: 60-90 Minuten

Schwierigkeitsgrad: Leicht

Zutatenliste für 1kg **Wurst :**

400g Schweinebauch, 300g Schweinenacken, 200g Rindfleisch mager, 100g Eiswasser, 18g Pökelsalz, 2g weißer Pfeffer gemahlen, 1g Muskat gemahlen, 1g Koriander gemahlen, 3g Zwiebelgranulat, 1g Traubenzucker, 0,2g Ascorbinsäure, 7g Senfmehl, Darm Schafsaitling 22/24

Zubereitung:

1. Das Fleisch auftauen. Das Fleisch durch den Wolf geben und klein wolfen. Danach das Fleisch im Mixer oder Kutter zu einem sehr feinen Brät mixen, die Gewürze sowie das Eiswasser dazu geben. Das Brät darf nicht über 12°C erhitzen.

2. Das Salzwasser aufsetzen und auf 70°C erhitzen.

3. Den gewässerten Darm auf die Tülle schieben und das Brät einfüllen. Alle 20cm abdrehen. Die Würste für 60 Minuten trocknen lassen.

4. Die Würste nach dem Trocknen bei 70°C für 45 Minuten räuchern. Nach dem Räuchern die Würste in das 70°C Wasser geben und 15 Minuten brühen.

5. Die Würste kalt abschrecken.

Eisbein Sülze

Zubereitungszeit: 60-90 Minuten

Schwierigkeitsgrad: Leicht

Zutatenliste für 4 **Gläser :**

2kg Eisbein roh, 5 Lorbeerblätter, 1 EL Piment Körner, 1 EL Wacholderbeeren, 1 EL Pfeffer, 6 Gewürznelken, 1 Zwiebel, 2 EL Salz, 1,5 Liter Wasser, 250ml Essig, 4 Gläser 250ml Inhalt

Zubereitung:

1. Die Zwiebel schälen und in Viertel schneiden. Das Eisbein abwaschen und den Gewürzen in einen großen Topf geben. Das Wasser dazu giessen, ebenso den Essig und alles zum kochen bringen. Das Ganze für 2 Stunden kochen lassen.

2. Das Fleisch sowie das Gemüse heraus nehmen und in Mundgerechte Stücke schneiden.

3. Den Sud filtern und in eine Schüssel auffangen.

4. Den Sud mit dem Fleisch und dem Gemüse erneut aufkochen.

5. Die Gläser mit dem Fleisch und dem Gemüse befüllen und mit dem Sud aufgiessen. Die Gläser gut verschliessen und abkühlen lassen.

Eisbein

Zubereitungszeit: 60-90 Minuten

Schwierigkeitsgrad: Leicht

Zutatenliste für 2 **Gläser :**

1 Große Haxe, 19g Pökelsalz, 2g Pfeffer, 1g Muskat, 1 Knoblauchzehe, 1TL Koriander, 1TL Apsis Pulver, 2 EL Wasser

Zubereitung:

1. Das Fleisch vom Knochen lösen und in Mundgerechte Stücke schneiden.
2. Das Fleisch mit den Gewürzen und dem Aspikpulver vermischen. Die Mischung feste in die Gläser drücken und mit dem Wasser übergießen.
3. Den Deckel feste schließen und das Glas schütteln. Die Gläser für 15 Minuten bei 85°C kochen danach die Temperatur auf 90°C erhöhen und für 45 Minuten einkochen.

Gebrühte Entenbratwurst

Zubereitungszeit: 30-45 Minuten

Schwierigkeitsgrad: Leicht

Zutatenliste für 12 **Bratwurst :**

2 Entenbrustfilet, 100g Sahne, 1 Ei, 1 Prise Piment gemahlen, 1 Prise Kardamom gemahlen, 1 Prise Salz, 1 Meter Bratwurstdarm

Zubereitung:

1. Das Entenfleisch anfrieren und in Würfel schneiden. Das Fleisch durch den Wolf geben und klein wolfen.
2. Das Ei mit der Sahne und den Gewürzen vermischen und unter mengen.
3. Die Masse in den Wurstaufsatz des Fleischwolfes geben und den gewässerten Darm auf setzen. Das Brät in den Darm füllen und alle 8 cm abbinden.
4. Die Würste in nicht kochendem, sehr heißem Wasser 5 Minuten ziehen lassen und danach gut abkühlen und trocknen lassen.

Grobe Leberwurst im Glas

Zubereitungszeit: 60-90 Minuten

Schwierigkeitsgrad: Leicht

Zutatenliste für 1kg **Wurst :**

350g Leber, 300g Schweinebauch fettig, 165g Brühe, 35g Mehl, 50g Zwiebeln, 20g Salz, 1g Pfeffer schwarz gemahlen, 0,2g Majoran gerebelten, Öl

Zubereitung:

1. Die Leber und den Bauch sowie das Herz etwas zerkleinern, damit es in den Fleischwolf geht.

2. Die Zwiebel schälen und klein hacken. Etwas Öl in einer Pfanne erhitzen und die Zwiebel anbraten. Die Zwiebel mit dem Mehl bestreuen und der Brühe ablöschen.

3. Das Fleisch mit dem Inhalt der Pfanne mischen und in den Fleischwolf geben und auf 3mm 2 mal wolfen.

4. Die Wurst mit den Gewürzen vermischen und in die Gläser füllen, je 200g pro Glas.

5. Die Gläser mit der Leberwurst bei 100°C für 90 Minuten einkochen.

Krakauer

Zubereitungszeit: 60-90 Minuten

Schwierigkeitsgrad: Leicht

Zutatenliste für 1kg **Wurst :**

800g Schweinefleisch, 100g Rindfleisch, 100g Speck, 22g Pökelsalz, 1g Muskat gemahlen, 4g Kümmel ganz, 2g Paprikapulver edelsüß, 1g Paprika rosenscharf, 3g Pfeffer schwarz, 1g Ascobinsäure, 2 Knoblauchzehen gepresst, Darm zum Räuchern

Zubereitung:

1. Das Fleisch mit dem Speck durch die mittlere Wolfscheibe wolfen.
2. Das Fleisch mit den Gewürzen und dem Knoblauch verkneten und die vorbereiteten Därme auf die Tülle stecken und die Därme mit dem Brät der Wurst füllen.
3. Die Würste einen Tag umröten lassen. Die Würste bei 60°C 1 Stunde räuchern und anschließend bei 75°C für 60 Minuten brühen.
4. Die Würste danach abkühlen lassen und an der Luft kalt nach räuchern.

Leberwurst im Glas

Zubereitungszeit: 60-90 Minuten

Schwierigkeitsgrad: Leicht

Zutatenliste für 1kg **Wurst :**

600g Leber, 250g Schweinebauch, 100g Herz, 50g Zwiebel, 20g Salz, 1,2g gemahlener Senf, 1,2g gemahlener schwarzer Pfeffer, 1g Majoran, 1 Nelke gemahlen

Zubereitung:

1. Die Leber und den Bauch sowie das Herz etwas zerkleinern, damit es in den Fleischwolf geht. Das kleingeschnittene Fleisch mit Herz und Leber bei 85°C für 10 Minuten in Kesselbrühe weich kochen.

2. Die Zwiebel schälen und klein hacken.

3. Das Gemisch in den Fleischwolf geben und auf 3mm wolfen.

4. Die Wurst mit den Gewürzen vermischen und in die Gläser füllen, je 200g pro Glas.

5. Die Gläser mit der Leberwurst bei 100°C für 90 Minuten einkochen.

Rohe Wurst Rezepte

Teewurst Fein

Zubereitungszeit: 60-80 Minuten

Schwierigkeitsgrad: Leicht

Zutatenliste für 10 **Würste :**

5kg Schweinefleisch mager, 2kg Rindfleisch, 3kg Speck, 280g Pökelsalz, 20g Puderzucker, 20g Pfeffer gemahlen, 5g Piment gemahlen, 5g Paprikapulver edelsüß, 2g Kardamom gemahlen, 20ml Rum, Därme zum räuchern geeignet

Zubereitung:

1. Das Fleisch und den Speck anfrieren und durch die 3mm Scheibe wolfen.
2. Die Gewürze und den Rum unterheben und gut durchkneten. Die Masse nochmals wolfen.
3. Die Masse in die vorbereiteten Därme füllen (45mm) und bei 18°C 5 Tage reifen lassen. An Tag 3 und 5 für jeweils 5 Stunden zum Kalträuchern aufhängen.

Zwiebelwurst

Zubereitungszeit: 60-90 Minuten

Schwierigkeitsgrad: Leicht

Zutatenliste für 1kg **Wurst :**

1kg Schweinenacken, 20g Pökelsalz, 2g Pfeffer weiß gemahlen, 40g Zwiebel fein gehackt, 3g Paprikapulver edelsüß, 3g Traubenzucker, Kunstoffdarm 43/20

Zubereitung:

1. Das Fleisch und alle Zutaten bis auf die Zwiebel vermischen. Die Mischung durch den Wolf mit einer 3,5mm Scheibe wolfen.

2. Die Zwiebeln dazu geben und gut einkneten.

3. Die Wurst in die Därme geben und die Würste für 2 Tage im Kühlschrank oder im Kaltrauch reifen lassen.

Teewurst Grob

Zubereitungszeit: 60-80 Minuten

Schwierigkeitsgrad: Leicht

Zutatenliste für 1kg **Wurst** :

700g Schweinefleisch mager, 300g Speck, 24g Pökelsalz, 1 TL Pfeffer weiß gemahlen, 1 EL Paprikapulver edelsüß, 1 TL Senfkörner, 1 EL Weinbrand, 1 TL Zucker, Naturdarm

Zubereitung:

1. Das Fleisch und den Speck anfrieren und durch die mittlere Scheibe wolfen.
2. Die Gewürze und das Pökelsalz sowie den Weinbrand unterheben und gut durchkneten.
3. Den vorbereiteten Darm auf die Fülltülle des Wolfes geben und das Brät einfüllen.
4. Die Würste gut trocknen lassen und danach für 10-12 Stunden kalt räuchern.

Entenbrust Schinken

Zubereitungszeit: 30 Minuten

Schwierigkeitsgrad: Leicht

Zutatenliste für 250g **Entenbrust :**

250g Entenbrust, Meersalz grob, Rosmarin getrocknet, 3g Pfeffer geschrotet

Zubereitung:

1. Das Fleisch waschen und den Fettrand etwas kürzen wenn er zu weit übersteht.
2. Die Entenbrust in eine Dose mit Deckel geben und mit dem Meersalz bestreuen. Den Deckel verschließen und 18 Stunden im Kühlschrank aufbewahren.
3. Die Entenbrust aus der Dose nehmen und abwaschen. Die Entenbrust gut abtrocknen und auf ein Baumwolltuch legen. Mit den Gewürzen bestreuen und umwickeln.
4. In diesem Zustand die Entenbrust für 2 Wochen im Kühlschrank trocknen lassen.

Schinken

Zubereitungszeit: 60-90 Minuten

Schwierigkeitsgrad: Leicht

Zutatenliste für 3,5kg **Schinken :**

4kg Schinken frisch mit Schwarte, 180g Pökelsalz, 16g Zucker, 3g Nelkenpulver, 7g Koriander, 6g Pfeffer gemahlen, 8g Wacholderbeeren gequetscht, 6 Lorbeerblätter gemahlen, 8 Knoblauchzehen gepresst

Zubereitung:

1. Das Pökelsalz mit den Gewürzen vermischen.

2. Den Schinken in die Würzmischung geben und den Schinken damit gleichmäßig einreiben.

3. Den Schinken in einen Gefrierbeutel stecken und die Luft rauspressen. Den Gefrierbeutel verschließen und den Schinken bei 5°C im Kühlschrank für 5 Tagen Pökeln. Den Schinken jeden 2 Tag drehen.

4. Nach dieser Zeit wird der Schinken abwaschen und 5 Tage aufgehängt ruhen lassen.

5. Den Schinken kalt räuchern. Die Temperatur sollte 24°C nicht überschreiten. Nach dem räuchern den Schinken für 6 Wochen reifen lassen.

Luft Mettenden

Zubereitungszeit: 60-90 Minuten

Schwierigkeitsgrad: Leicht

Zutatenliste für 20 Portionen :

1Kg Bauch, 1Kg Schweinenacken, 42g Pökelsalz, 6g Pfeffer gemahlen, 12g Senfkörner, 2g Piment gemahlen, 2g Paprika edelsüß, 1 Knoblauchzehe gepresst, Prise Muskat, 2 Nelken gemahlen, Schweinedarm 28/30

Zubereitung:

1. Das Fleisch zerkleinern und kurz anfrieren. Das Fleisch durch den Wolf bei Größe 4 geben.

2. Alles hinzufügen und richtig durchkneten bis es einen Teig ergibt.

3. Den gewässerten Darm auf die Tülle zum Befüllen ziehen und den Teig einfüllen. Die Würste nach 15cm abbinden.

4. Die Würste bei 18°C zum Trocknen aufhängen. Die Würste weit genug auseinander hängen, sie sollten sich nicht berühren. Nach etwa 9-12 Tagen ist die Wurst fertig.

Pfefferbeisser

Zubereitungszeit: 60-90 Minuten

Schwierigkeitsgrad: Leicht

Zutatenliste für 2kg **Wurst :**

1,8kg Schweineschulter, 200g Schweinebauch, 20g Knoblauch gepresst, 8g Paprika Edelsüß, 8g weißer Pfeffer, 6g grüner Pfeffer, 6g schwarzer Pfeffer, 2g Muskat gemahlen, 2g brauner Zucker, 2g Traubenzucker, 1g Ingwer gemahlen, 48g Pökelsalz, 1 Wurst Starterkultur, 6m Bratdarm 28/30

Zubereitung:

1. Die Schweineschulter und den Speck zerkleinern.

2. Das Fleisch sowie den Bauch würfeln. Die Gewürze, bis auf das Pökelsalz, fein mahlen und mit der Starterkultur und dem Fleisch vermengen. Alles auf 4 c° bringen.

3. Die Mischung durch den Fleischwolf geben.

4. Das Pökelsalz mit der Mischung in eine große Schüssel geben und alles gut vermengen. Die Temperatur sollte nicht ansteigen.

5. Das Wurstbrät in die Därme füllen und ca. 20cm lange Würste machen. Die Enden abdrehen und abbinden.

6. Die Wurst bei 12°C Grad für 5 Stunden aufhängen. Die Würste nach dieser Zeit bei 23°C für 16 Stunden hängen lassen zur Bildung der Milchsäurebakterien.

7. Nach den 16 Stunden jeden Tag die Temperatur um 2°C absenken. Nach 7 Tagen sollten Sie 14°C erreicht haben. Die Wurst eine Woche bei den 14 °C hängen lassen.

Sülzwurst

Sülzwurst mit Brokkoli

Zubereitungszeit: 60-90 Minuten

Schwierigkeitsgrad: Leicht

Zutatenliste für 4 Portionen:

350g Schinken gekocht, 1 Packung Sülzpulver, Salz, Pfeffer, 1/2 TL Gemüsebrühe, 1 Brokkoli, 1 kleiner Blumenkohl, 1 Karotte, 1 Zwiebel

Zubereitung:

1. Die Wurst in dünne Würfel schneiden.

2. Den Brokkoli und dem Blumenkohl sowie die Karotte waschen und gut abtropfen lassen. Die Karotte in feine Scheiben schneiden. Blumenkohl und Brokkoli in kleine Röschen teilen. Alles in heißem Wasser kurz blanchieren.

3. Das Gemüse mit der Wurst in einer Kastenform schichten.

4. Brühe nach Anleitung des Sülzpulver aufkochen, die Sülz Brühe mit Salz und Pfeffer würzen und in die Form geben. Alles für 4 Stunden in den Kühlschrank stellen.

Schwartenmagen im Glas

Zubereitungszeit: 60-90 Minuten

Schwierigkeitsgrad: Leicht

Zutatenliste für 40 **Gläser :**

4kg Schweinefleisch vom Kopf, 2 kg Schweinebauch, 2kg Schweineschulter, 1,6kg Schweineschwarte, 2,4 Liter Wasser, 36g Koriander gemahlen, 24g Muskat gemahlen, 30g Pfeffer gemahlen, 20g Ingwer gemahlen, 8 Knoblauchzehen gehackt, 1 Bund Bärlauch gehackt.

Zubereitung:

1. Das Fleisch mit dem Wasser aufsetzen und für 30 Minuten kochen.

2. Das gekochte Fleisch in Würfel schneiden. Das magere Fleisch wird in grössere Würfel und das fette Fleisch in kleinere geschnitten.

3. Die Schwarte durch die 2mm Scheibe wolfen. Die gewolfte Schwarte wieder in die Brühe geben. Das Fleisch mit der Brühe übergießen und alles in die Gläser füllen.

4. Die Gläser bei 82°C für 2 Stunden einkochen.

Sülzwurst mit Ananas

Zubereitungszeit: 60-90 Minuten

Schwierigkeitsgrad: Leicht

Zutatenliste für 4 Portionen :

200g Schinken gekocht, 150g Hähnchenbrust Wurstaufschnitt, 1 Dose Ananas in Stücken, 1 Packung Sülzpulver, Salz, Pfeffer, 80g grüner Spargel

Zubereitung:

1. Die Wurst in dünne Würfel schneiden.
2. Den Spargel reinigen und in einer Grillpfanne kurz grillen. Danach den Spargel in feine Streifen schneiden.
3. Die Ananas abtropfen lassen.
4. Ananas und Spargel in eine Kastenform schichten.
5. Brühe nach Anleitung des Sülzpulver aufkochen, die Sülz Brühe mit Salz und Pfeffer würzen und in die Form geben. Alles für 4 Stunden in den Kühlschrank stellen.

Sülzwurst mit Karotten

Zubereitungszeit: 60-90 Minuten

Schwierigkeitsgrad: Leicht

Zutatenliste für 4 Portionen :

150g Schinkenwurst, 150g Fleischwurst, 1 Rote Paprika, 2 Frühlingszwiebel, 60g Sellerie, 80g Karotte, 8 Kirschtomaten, 1 gekochtes Ei, 1 Zwiebel, 1 Packung Sülzpulver, Salz, Pfeffer

Zubereitung:

1. Die Wurst in dünne Würfel schneiden.

2. Die Zwiebel schälen, die Frühlingszwiebel waschen und abtropfen. Beides in dünne Ringe schneiden.

3. Die Karotte waschen, den Sellerie schälen und beides in feine dünne Würfel schneiden.

4. Die Paprika waschen und die Kerne sowie den Strunk entfernen, die Paprika in feine Streifen schneiden. Die Tomaten waschen und in Scheiben schneiden. Das Ei schälen und ebenfalls in Scheiben schneiden.

5. Eine Kastenform kalt auswaschen und die Tomaten mit dem Ei einschichten. Die anderen Zutaten ebenfalls in der Form aufreihen.

6. Brühe nach Anleitung des Sülzpulver aufkochen, die Sülz Brühe mit Salz und Pfeffer würzen und in die Form geben. Alles für 4 Stunden in den Kühlschrank stellen.

Vegane Wurst

Leberwurst Vegan

Zubereitungszeit: 20 Minuten

Schwierigkeitsgrad: Leicht

Zutatenliste für 1 **Leberwurst :**

250g Kidneybohnen gekocht, 1/2 Zwiebel, 1 Knoblauchzehe, 2 TL Paprikapulver edelsüß, 1 TL Salz, 2 EL Hefeflocken, 2 TL Wildgewürz, 8g Ingwer

Zubereitung:

1. Die Zwiebel und den Knoblauch, Ingwer schälen und in einer Pfanne kurz andünsten.

2. Die Bohnen abtropfen lassen und mit den Zwiebeln, Knoblauch, Ingwer in einen Mixer geben. Die Gewürze darüber streuen und alles gut pürieren.

3. Die Wurst in ein Schraubglas einfüllen und für 2 Stunden ziehen lassen.

4. Die Wurst hält sich ca. 5-7 Tage im Kühlschrank.

Bratwurst

Zubereitungszeit: 60-90 Minuten

Schwierigkeitsgrad: Leicht

Zutatenliste für 12 **Würste** :

6 EL Kichererbsenmehl, 14 EL Hefeflocken, 500g Seitanpulver, 6 Knoblauchzehen, 400g Tofu, 3TL Salz, 5TL Majoran, 2TL Paprikapulver edelsüß, 2 TL Worcestersauce, 800ml Wasser

Zubereitung:

1. Das Seifenpulver mit den Hefeflocken und dem Kichererbsenmehl vermischen.

2. Die Gewürze hinzugeben und alles verrühren.

3. Die Knoblauchzehe schälen und durch eine Presse zum Tofu geben. Beides mit einer Gabel zerdrücken. Die trockenen Zutaten unterheben und verkneten.

4. Das Wasser mit der Worcestersauce zugeben und zu einem Teig verarbeiten.

5. Aus dem Teig 12 Würste formen und diese in Backpapier einwickeln. Anschließend Alufolie sehr feste darum wickeln. Die Würste für 25 Minuten bei 180°C im Backofen garen. Danach abkühlen lassen und grillen oder braten.

Salami Vegan

Zubereitungszeit: 60-90 Minuten

Schwierigkeitsgrad: Leicht

Zutatenliste für 450g **Wurst :**

25g Langkornreis, 100g Räuchertofu, 40ml Öl, 1 EL Zitronensaft, 150ml Rote Beetesaft, 1 EL Tomatenmark, 1/2 TL Hefeextrakt, 1 Lorbeerblatt gemahlen, 3 Pimentkörner gemahlen, 3 Wacholderbeeren gemahlen, 1 TL Rauchsalz, 1 TL Zwiebel granuliert, 1 TL Knoblauch gemahlen, 1 TL Kümmel gemahlen, 1 TL Koriander gemahlen, Prise Muskat, 1/2 TL Cayenne Pfeffer, 1 TL Senfkörner, 1/2 TL Guarkernmehl, 100g Glutenpulver

Zubereitung:

1. Den Reis nach Anleitung kochen und gut abtropfen lassen.
2. Den Tofu zerbröckeln und mit dem Rote Beete Saft sowie dem Zitronensaft, Öl, Tomatenmark, Hefeextrakt vermischen.
3. Die Gewürze dazu geben und alles mit dem Stabmixer mixen.
4. Das Glutenpulver in eine Schüssel mit dem Reis und dem Tofu geben und alles gut durchkneten. Immer eine Wurst von 5 cm formen. Die Wurst in Alufolie doppelt einwickeln.
5. In einem Dämpfer oder Topf mit Sieb darüber die Würste rein geben und für 1 Stunde dämpfen.
6. Die Wurst aus der Folie nehmen und abkühlen lassen.

Leberwurst Schnittlauch Vegan

Zubereitungszeit: 20 Minuten

Schwierigkeitsgrad: Leicht

Zutatenliste für 1 **Leberwurst :**

250g Kidneybohnen gekocht, 1/2 Zwiebel, 1 Knoblauchzehe, 1 TL Salz, 2 EL Hefeflocken, 5g Ingwer, 1 TL Pfeffer weiss, 1 Bund Schnittlauch, 1/2 Bund Petersilie, 1 TL Gemüsebrühepulver

Zubereitung:

1. Die Zwiebel und den Knoblauch, Ingwer schälen und in einer Pfanne kurz andünsten.

2. Die Bohnen abtropfen lassen und mit den Zwiebeln, Knoblauch, Ingwer in einen Mixer geben. Die Gewürze darüber streuen und alles gut pürieren.

3. Den Schnittlauch sowie die Petersilie klein hacken und unterheben.

4. Die Wurst in ein Schraubglas einfüllen und für 2 Stunden ziehen lassen.

5. Die Wurst hält sich ca. 2-3 Tage im Kühlschrank.

Weisswurst Vegan

Zubereitungszeit: 60-90 Minuten

Schwierigkeitsgrad: Leicht

Zutatenliste für 6 **Würste :**

200g Gluten, 2 Zwiebel, 2 Knoblauchzehen, 5g Ingwer, 3 EL Paniermehl, 2 EL Zitronensaft, 1 TL Kräutersalz, 2 tL Majoran, 1/2 TL Pfeffer gemahlen, 1/2 TL Zucker, Prise Kümmel gemahlen, 1 TL Senf, 230ml Wasser

Zubereitung:

1. Das Paniermehl mit dem Gluten und den Gewürzen vermischen.
2. Die Zwiebel und den Knoblauch sowie den Ingwer schälen. Das Wasser sowie den Senf hinzufügen und alles mit einem Stabmixer mixen bis es eine feine Masse ergibt.
3. Die trockenen Zutaten hinzugeben und alles zu einem glatten Teig verrühren.
4. Aus dem Teig 6 Würste formen und mit Backpapier umwickeln, danach mit Alufolie umwickeln.
5. Die Wurst für 60-70 Minuten dämpfen. Entweder in einem Dämpfer oder in einem großen Topf Wasser erhitzen, ein Sieb aufsetzen und die Wurst einlegen. Die Wurst darf in diesem Falle das Wasser nicht berühren.
6. Die Würste schmecken am besten mit süßem Senf und Brezel.

Knoblauch Salami Vegan

Zubereitungszeit: 60-90 Minuten

Schwierigkeitsgrad: Leicht

Zutatenliste für 450g **Wurst :**

25g Langkornreis, 100g Räuchertofu, 40ml Öl, 1 EL Zitronensaft, 150ml Rote Beetesaft, 2 TL Bärlauch gemahlen, 1 getrocknete Tomate gehackt, 1/2 TL Hefeextrakt, 3 Pimentkörner gemahlen, 1 TL Rauchsalz, 1 TL Zwiebel granuliert, 3 Knoblauchzehen gepresst, 1 TL Koriander gemahlen, 1 Prise Muskat, 1/2 TL Cayenne Pfeffer, 1 TL Senfkörner, 1/2 TL Guarkernmehl, 100g Glutenpulver

Zubereitung:

1. Den Reis nach Anleitung kochen und gut abtropfen lassen.
2. Den Tofu zerbröckeln und mit dem Rote Beete Saft sowie dem Zitronensaft, Öl, Tomatenmark, Hefeextrakt vermischen.
3. Die Gewürze dazu geben und alles mit dem Stabmixer mixen.
4. Das Glutenpulver in eine Schüssel mit dem Reis und dem Tofu geben und alles gut durchkneten. Immer eine Wurst von 5 cm formen. Die Wurst in Alufolie doppelt einwickeln.
5. In einem Dämpfer oder Topf mit Sieb darüber die Würste rein geben und für 1 Stunde dämpfen.
6. Die Wurst aus der Folie nehmen und abkühlen lassen.

Tomatenwurst

Zubereitungszeit: 60-90 Minuten

Schwierigkeitsgrad: Leicht

Zutatenliste für 10 **Würste :**

300g Seitanmehl, 30g Hefeflocken, 2 getrocknete Tomaten gehackt, 1 TL Knoblauchpulver, 1TL Ingwer gemahlen, 4 TL Paprikapulver, 3 TL Salz, 1 Zwiebel gehackt, 6 EL Öl, 1 TL Senf, 4 El Sojasauce, 4 EL Tomatenmark, 350ml Wasser

Zubereitung:

1. Die trockenen Zutaten vermischen.
2. In einer anderen Schüssel das Öl mit dem Senf, Sojasauce, Tomatenmark und dem Wasser verrühren.
3. Beides zusammen fügen, Ingwer und Tomaten hinzugeben und gut durch kneten.
4. 10 Würste von 2 cm dicke formen. Die Würste in einzeln in Backpapier einwickeln und dieses mit Alufolie feste umschließen.
5. Die Würste für 50 Minuten bei 180°C Umluft im Backofen garen. Die Würste danach noch 15 Minuten ziehen lassen.
6. Sie können auch gegrillt werden, kalt und warm ein Genuss.

Vegane Mortadella

Zubereitungszeit: 60-90 Minuten

Schwierigkeitsgrad: Leicht

Zutatenliste für 500g **Wurst** :

1 Paprika rot, 250g Glutenmehl, 1 Knoblauchzehe gepresst, 4 EL Hefeflocken, 30ml Öl, 2 EL Gemüsebrühe Pulver, 1 Zwiebel gehackt, 250ml Wasser

Zubereitung:

1. Die Paprika waschen und den Strunk sowie die Kerne entfernen, die Zwiebel und den Knoblauch dazu geben und alles vermischen.

2. Das Glutenmehl mit den Hefeflocken und der Gemüsebrühe zusammen vermischen. Das Öl sowie das Wasser dazugeben und verrühren.

3. Das Gemüse mit dazu geben und alles verkneten. Die Mortadella formen und mit Backpapier umwickeln. Danach mit Alufolie umwickeln. Die Enden zu drehen.

4. Die Wurst für 60-70 Minuten dämpfen. Entweder in einem Dämpfer oder in einem großen Topf Wasser erhitzen, ein Sieb aufsetzen und die Wurst einlegen. Die Wurst darf in diesem Falle das Wasser nicht berühren.

5. Die Wurst abkühlen lassen und in Scheiben schneiden.

Seitanwurst

Zubereitungszeit: 60-90 Minuten

Schwierigkeitsgrad: Leicht

Zutatenliste für 10 **Würste :**

300g Seitanmehl, 30g Hefeflocken, 1 TL Knoblauchpulver, 1TL Kreuzkümmel, 4 TL Paprikapulver, 1 TL Pfeffer, 3 TL Salz, 1 TL Zucker, 2 TL Zwiebelpulver, 6 EL Öl, 1 TL Senf, 4 El Sojasauce, 6 EL Tomatenmark, 350ml Wasser

Zubereitung:

1. Das Mehl mit den Hefeflocken, Knoblauch, Paprika, Kümmel, Salz, Pfeffer und Zwiebelpulver vermischen.

2. In einer anderen Schüssel das Öl mit dem Senf, Sojasauce, Tomatenmark und dem Wasser verrühren.

3. Beides zusammen fügen und gut durch kneten.

4. 10 Würste von 2 cm dicke formen. Die Würste in einzeln in Backpapier einwickeln und dieses mit Alufolie feste umschließen.

5. Die Würste für 50 Minuten bei 180°C Umluft im Backofen garen. Die Würste danach noch 15 Minuten ziehen lassen.

6. Sie können auch gegrillt werden, sind aber auch kalt und warm ein Genuss.

Haftungsausschluss

Die Umsetzung aller enthaltenen Informationen, Anleitungen und Strategien dieses Buches erfolgt auf eigenes Risiko. Für etwaige Schäden jeglicher Art kann der Autor aus keinem Rechtsgrund eine Haftung übernehmen. Für Schäden materieller oder ideeller Art, die durch die Nutzung oder Nichtnutzung der Informationen bzw. durch die Nutzung fehlerhafter und/oder unvollständiger Informationen verursacht wurden, sind Haftungsansprüche gegen den Autor grundsätzlich ausgeschlossen. Ausgeschlossen sind daher auch jegliche Rechts- und Schadenersatzansprüche. Dieses Werk wurde mit größter Sorgfalt nach bestem Wissen und Gewissen erarbeitet und niedergeschrieben. Für die Aktualität, Vollständigkeit und Qualität der Informationen übernimmt der Autor jedoch keinerlei Gewähr. Auch können Druckfehler und Falschinformationen nicht vollständig ausgeschlossen werden. Für fehlerhafte Angaben des Autors kann keine juristische Verantwortung sowie Haftung in irgendeiner Form übernommen werden.

Urheberrecht

1. Auflage

Kontakt: JT-Handels-UG/ Berumer Str. 44/ 26844 Jemgum